0

zero

zero

10

dez

dziesięć

20

vinte

dwadzieścia

30

trinta

trzydzieści

40
quarenta
czterdzieści
50
cinquenta
pięćdziesiąt
60
sessenta
sześćdziesiąt
70
setenta
siedemdziesiąt

80

oitenta

osiemdziesiąt

90

noventa

dziewięćdziesiąt

100

cem

sto

1000

mil

tysiąc

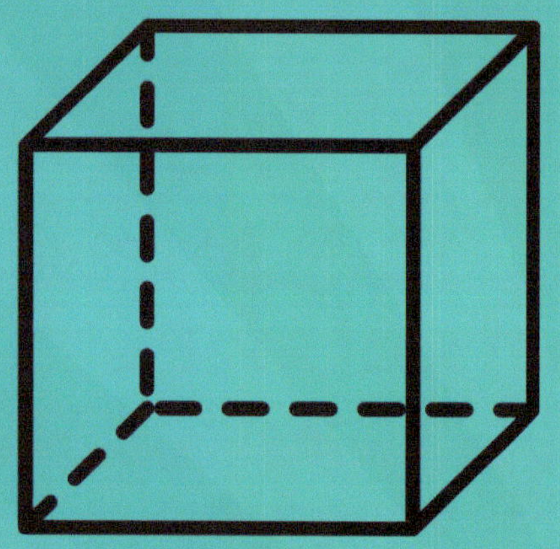

cubo

sześcian

bloco

blok

cubo de gelo

kostka lodu

caramelo

karmel

açúcar

cukier

dados

kostki do gry

caixa de presente

pudełko upominkowe

caixa de papelão

pudełko kartonowe

esfera

kula

colher de sorvete

gałka do lodów

pérola

perła

bolha

bańka

mármores

kulki

planeta

planeta

bola de neve

śnieżka

bola de ténis

piłka tenisowa

cilindro

walec

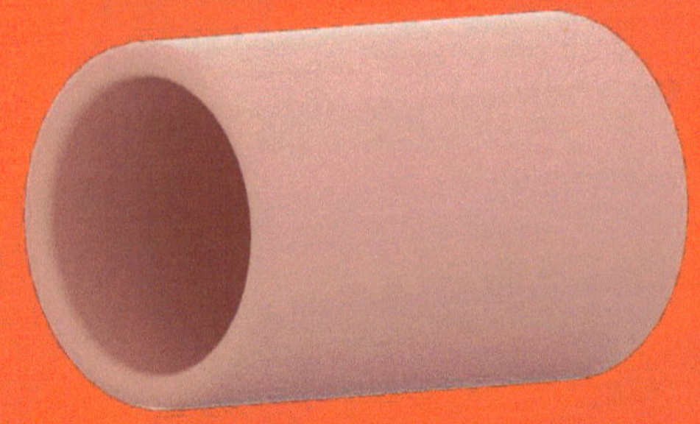

tubo

rura

baterias

baterie

carretel de linha

szpula nici

canela

cynamon

rolo da massa

wałek do ciasta

salsicha

kiełbasa

fardo de feno

bela siana

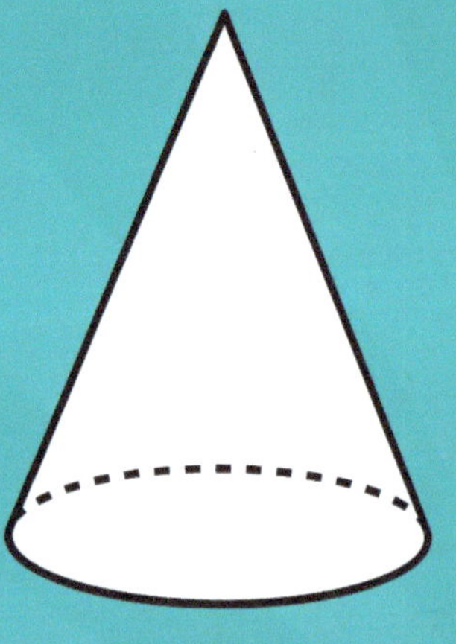

cone

stożek

cone de trânsito

stożek drogowy

cone de gelado

rożek do lodów

chapéu de bruxa

kapelusz wiedźmy

calabouço

loch

abeto

jodła

chapéu de festa

czapka imprezowa

caracol

ślimak

amora

jeżyna

groselha

porzeczka

clementina

klementynka

durião

durian

pitaia

smoczy owoc

jaca

dżakfrut

carambola

karambola

espargos

szparag

rabanete

rzodkiewka

feijão-vermelho

czerwona fasola

nabo

rzepa

mandioca

maniok

inhame

pochrzyn

grão-de-bico

ciecierzyca

águia

orzeł

morcego

nietoperz

castor

bóbr

flamingo

flaming

corvo

kruk

melro

kos

chapim-azul

sikora modra

pega

sroka

andorinha

jaskółka

cotovia

skowronek

periquito

papużki nierozłączki

pica-pau

dzięcioł

pavão

paw

papagaio

papuga

tucano

tukan

cegonha

bocian

coral

koral

anémona-do-mar

ukwiał morski

ouriço-do-mar

jeżowiec

cavalo-marinho

konik morski

peixe-palhaço

błazenek

peixinho dourado

złota rybka

caranguejo

krab

caranguejo eremita

biernatek

golfinho

delfin

narval

narwal

polvo

ośmiornica

lula

kałamarnica

tubarão-baleia

rekin wielorybi

orca

orka

baleia azul

płetwal błękitny

baleia-beluga

białucha

tubarão-martelo

rekin młot

tubarão-branco

rekin biały

tubarão-limão

żarłacz żółty

tubarão-tigre

żarłacz tygrysi

gafanhoto

konik polny

lagarta

gąsienica

escorpião

skorpion

lagarto

jaszczurka

dinossauros

dinozaury

cabelo preto

czarne włosy

cabelo ruivo

rude włosy

cabelo castanho

brązowe włosy

cabelo louro

blond włosy

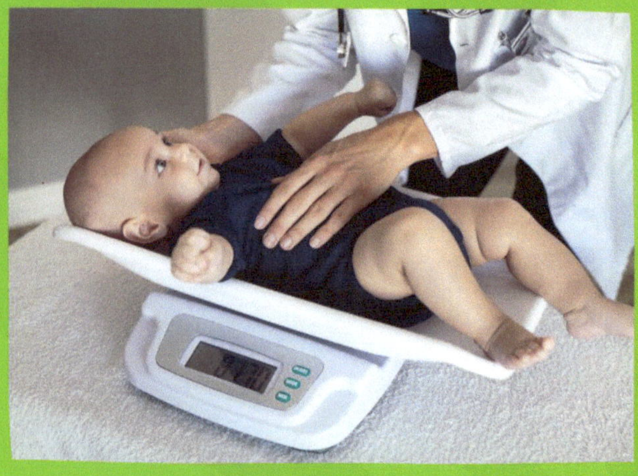

balança

waga

hospital

szpital

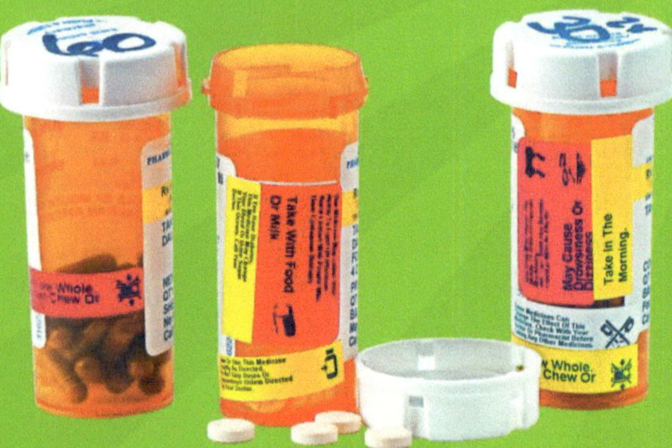

medicina

lekarstwo

termómetro

termometr

ligadura

bandaż

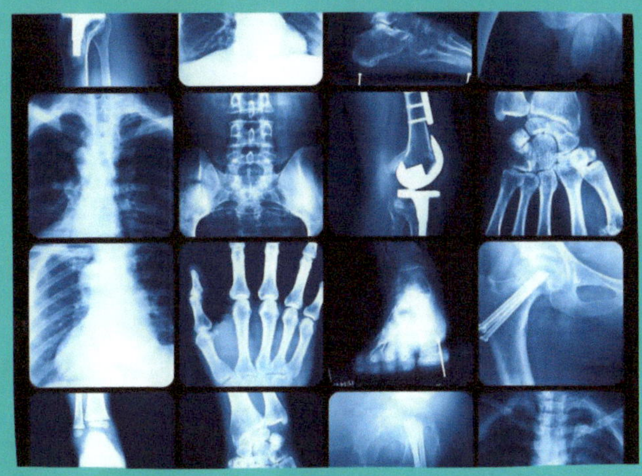

raio-x

zdjęcie rentgenowskie

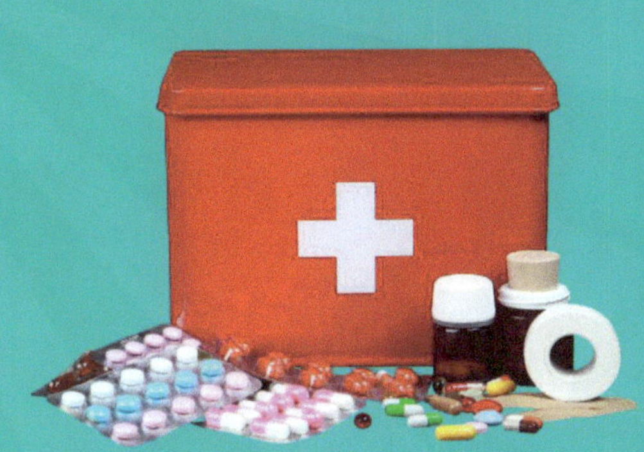

médico

lekarz

kit de primeiros socorros

apteczka pierwszej pomocy

jogar

grać

desenhar

rysować

contar

liczyć

escrever

pisać

dança

taniec

natação

pływanie

esquiar

narciarstwo

basquetebol

koszykówka

ténis

tenis

pingue-pongue

ping pong

futebol

piłka nożna

passeios a cavalo

jazda konna

hóquei no gelo

hokej na lodzie

judo

judo

boxe

boks

corrida

bieganie

basebol

baseball

críquete

krykiet

rúgbi

rugby

voleibol

siatkówka

maracas

marakasy

pandeireta

tamburyn

xilofone

ksylofon

violino

skrzypce

piano

fortepian

guitarra

gitara

violoncelo

wiolonczela

harpa

harfa

tambor

bęben

djembe

djembe

bateria

zestaw perkusyjny

trompete

trąbka

trompa

róg

saxofone

saksofon

flauta

flet

auscultadores

słuchawki

cantar

śpiewać

partitura

nuty

microfone

mikrofon